I0731583

www.ingramcontent.com/pod-product-compliance
Lightning Source LLC
Chambersburg PA
CBHW070405200726
48294CB00003B/1091

غیاث متین

دُھوپ
دیواریں
سمندر
آئینہ

شعری مجموعہ

دُھوپ، دیواریں، سمندر، آئینہ

غیاث متین

جملہ حقوق بیگم سَیّدہ فرحانہ غیاث متین کے نام محفوظ

- سنہ اشاعت : دسمبر ۱۹۹۳ء
- بار اوّل ـــــ
- سرورق : عزیز آرٹسٹ
- خوشنویسی : سلام خوش نویس

- بین الاقوامی طباعت بہ اہتمام : تعمیر پبلی کیشنز، حیدرآباد ۔ ۲۴
www.taemeernews.com | taemeernews@gmail.com

- ناشر : مکتبۂ شعر و حکمت
۶۵۹/۲ ۔ ۳ ۔ ۶ سائبان ۔ کپاڑی لین ۔ نجب گٹہ ۔ حیدرآباد ۔ ۵۰۰ ۴۸۲

- تقسیم کار :
- حسامی بک ڈپو ۔ مچھلی کمان ۔ حیدرآباد
- حیدرآباد لٹریری فورم ۔ حلف ڈرسی لین ۔ عابدس حیدرآباد
- مکتبۂ جامعہ لمیٹڈ، جامعہ نگر ۔ نئی دلی
- شاخیں ـــــ علی گڑھ، دلی، بمبئی
- شب خون کتاب گھر ۔ رانی منڈی ۔ الہ آباد
- نصرت پبلشرز، حیدری مارکٹ ۔ امین آباد ۔ لکھنؤ
- ایجوکیشنل بک ہاؤز، مسلم یونیورسٹی مارکٹ ۔ علی گڑھ
- بک ایمپوریم ۔ سبزی باغ ۔ پٹنہ

- مصنّف : ۵۳۶/۳ ۔ ۸ ۔ ۱۶ جدید ملک پیٹ ۔ حیدرآباد

DHOOP, DEEWAREN, SAMMANDER, AAINA
GHYAS MATEEN
Edition: 1993
Publisher
MAKTABA-E-SHER-O-HIKMAT
Somajiguda, Hyderabad-500 482

ISBN 978-1-80545-001-6

انتساب

حیدرآباد لٹریری فورم
"حلف"
کے
نام

جو میرا خواب بھی ہے اور تعبیر بھی

معنون

نئی نسل

کے

نام

جس کے شعری ذوق پر مجھے بھرپور اعتماد ہے

فہرست

غزلیں

نظمیں

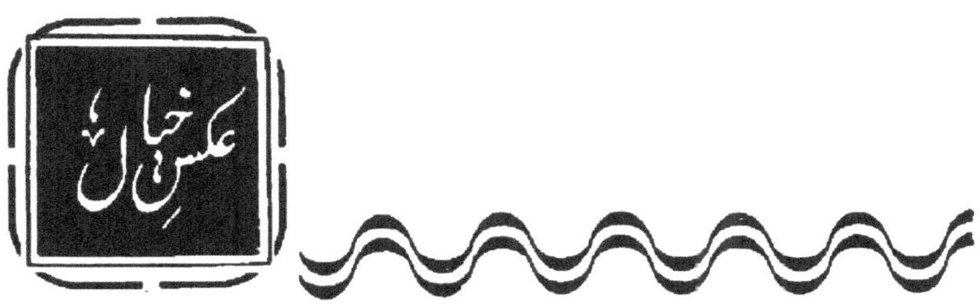

اپنے پہلے شعری مجموعے "زینہ زینہ راکھ" ۱۹۸۰ء کی اشاعت کے تیرہ سال بعد یہ دوسرا شعری مجموعہ ــــ "دھوپ، دیواریں، سمندر، آئینہ" ــــ اپنے پڑھنے والوں کی خدمت میں پیش کرتے ہوئے مَیں بڑی مسرت محسوس کر رہا ہوں۔ اِن تیرہ برسوں میں، جدید اظہار نے نہ صرف اپنے عصر کو متاثر کیا ہے بلکہ اپنے کو منوا لیا ہے۔

پچھلے مجموعے میں غزلیں بھی شامل تھیں جو تعداد میں بہت کم تھیں ــــ غالباً اسی لیے میری شناخت ایک نظم گو کی حیثیت سے ہوئی۔ باذوق قاری اور نقادانِ فن کی جانب سے جدید نظم گو شاعر کی حیثیت سے میری جو پذیرائی ہوئی، اُس نے مجھے حوصلہ بخشا۔ ۱۹۸۰ء کے بعد شعوری یا لاشعوری طور پر میں نے غزل کی جانب توجہ کی ــــ غزل جو ایک جادوئی صنف ہے، اپنے اندر ایک جہانِ معانی رکھتی ہے۔ پچھلے بیس پچیس برسوں میں غزل نے اپنے اُسلوب اور اظہار کے امکانات کو وسیع سے وسیع تر کیا ہے۔ عصر کی آگہی اور اس کے مسائل نے جدید غزل گو شاعر کے اظہار اور اس کے وژن کو ذات اور کائنات سے ہم رشتہ دہم آہنگ کر دیا ہے ــــ جدید غزل نے پچھلی رُبع صدی کے دوران جس طرح اپنے کو منوایا ہے، اس طرح پوری اُردو شاعری کی تاریخ میں کسی اور صنف نے اپنے کو نہیں منوایا۔ اس کی سب سے بڑی وجہ، غزل کی اندرونی ہیئت میں تبدیلی ہے، جس میں اظہار کے اُسلوب، استعاراتی اور علامتی اندازِ بیان، نئے الفاظ اور تراکیب کی شمولیت، نئی زبان کی تخلیق، روزمرّہ واقعات اور مسائل کا تخلیقی اظہار، سبھی کچھ شامل ہے۔ اپنے ہم عصر جدید غزل گو شعراء کی طرح مَیں نے بھی غزل کی

اندرونی ہیئت کو بدلنے کی کوشش کی ہے۔

میری شاعری میں لفظ کو اس کے لغوی اور اکہرے معنی میں استعمال کرنے کے بجائے اُسے علامت اور استعارے کے طور پر برتنے کا عمل آپ کو ملے گا۔ "دھوپ، دیواریں، سمندر، آئینہ" صرف چار لفظوں پر مشتمل ایک مصرعہ ہی نہیں ہے بلکہ یہ الفاظ اپنی جگہ کمل استعارے اور علامتیں ہیں' جن کا ہمارے تمدن کی تاریخ سے راست تعلق ہے۔ گویا یہ استعارے اور علامتیں اپنے تمدن کی تاریخ کا مظہر ہیں۔ ان کلیدی استعاروں اور علامتوں کے علاوہ' میری شاعری میں' موسم' پرندے' دریا' شجر' ثمر' جگنو' رات' شام' چراغ' کاغذ' پتھر' شاخ' پھول' پتے' پھل' تنہائی' دہلیز' گھر اور ایسے ہی دیگر الفاظ' کہیں انفرادی اور اجتماعی لاشعور کے علائم ہیں۔ کہیں ذات اور کائنات کے حیرت زا مظاہر کی استعیالاتی تصویریں تو کہیں میرے عہد کے' سیاسی' سماجی اور تہذیبی عناصر' عوامل اور مسائل کے تخلیقی اظہار کی علامتیں ہیں۔ میں نے اس مجموعے کی ابتدائی چند غزلوں میں استعاروں اور علامتوں ہی کو ردیف بنانے کا تجربہ کیا ہے۔ یہ تجربہ کوئی نیا نہیں ہے ۔۔۔ اساتذہ اور خاص طور پر جدید تر شعراء کے ہاں اس طرح کے نمونے ہمیں مل جاتے ہیں۔ لیکن اتنی بڑی تعداد میں کسی ایک شعری مجموعے میں اس طرح کی ردائف کا استعمال شائد پہلی بار ہوا ہے۔

تخلیقی عمل ایک نہایت ہی پیچیدہ عمل ہے جس میں صرف تخلیق کار کی ذات موجود رہتی ہے۔ اس سلسلے میں نہایت اختصار کے ساتھ صرف اتنا کہنا ضروری سمجھتا ہوں کہ تخلیقی عمل کے ابتدائی مرحلے پر میرے ذہن میں کوئی image اپنی مکمل شکل میں آ در آتا ہے' جسے میں لفظوں کا پیرہن دے دیتا ہوں۔ دوسرے معنی میں' اپنی غزلوں کے بیشتر اشعار میں' شعوری یا لاشعوری طور پر میں نے image کی تخلیق کی ہے۔ ان امیجس سے جو شعری پیکر میں نے تراشے ہیں اگر ان کی ترسیل میں کامیاب رہا ہوں تو اسے اپنی خوش قسمتی سمجھوں گا۔

جہاں تک نظم کا سوال ہے ۔۔۔ نظم اپنی ایک شناخت بلکہ شخصیت رکھتی ہے ۔۔۔ جس کی تشکیل موضوع اور ہیئت کی ہم آہنگی سے ہوتی ہے۔ اس مجموعے میں شامل اپنی نظموں میں میرا

تخلیقی عمل پیکر کی تجسیم ہے۔ کوشش میں نے یہی کی ہے کہ موضوع اور ہیئت میں ہم آہنگی پیدا کر سکوں۔ اس کوشش میں کہاں تک کامیاب ہوا ہوں، یہ تو آپ ہی بتا سکیں گے۔

آیئے! ۔۔۔ میرے تخیل کے سمندر میں بنی ہوئی ان دیواروں سے صفحۂ قرطاس پر اترتی ہوئی احساس کی دھوپ کو پی کر اس آئینے میں جھانکیں جو میری تخلیق بھی ہے اور میری ذات کا اظہار بھی!

ناسپاس گزاری ہوگی، اگر میں اپنے استاذی محترم ڈاکٹر مغنی تبسّم کا شکریہ ادا نہ کر دوں ۔ جن کی شفقت میری ذہنی تربیت اور شعری ذوق کا حصّہ ہے۔ سلام خوش نویس کی خوش نویسی اور عزیز آرٹسٹ کے سرِورق نے اس مجموعہ کے ظاہری حُسن میں اضافہ کیا ہے۔ ان کے علاوہ میرے عزیز دوستوں محمود انصاری ایڈیٹر روزنامہ منصف حیدرآباد ۔۔۔ ڈاکٹر بیگ احساس ریڈر شعبۂ اردو عثمانیہ یونیورسٹی ۔۔۔ ڈاکٹر مقبول فاروقی ریڈر شعبۂ اردو آندھرا یونیورسٹی وشاکھاپٹنم نے اس مجموعے کی ترتیب میں میرا ہاتھ بٹایا، اور مفید مشوروں سے نوازا، ۔۔۔ جس کے لیے میں ان سب کا شکر گزار ہوں ۔

(غیاث متین)

دسمبر ۱۹۹۳ء
حیدرآباد

شہر کب آئے، کہاں ٹھیرے ہوئے یہ کیا حال ہے
اُس کا مجھ کو روک کر یہ پُوچھنا اچھا لگا

غیاث متین

غزلیں

اپنے لہجے کی یہی پہچان ہے
دُھوپ، دیواریں، سمندر، آئینہ

غیاث متین

اَیسے بن کے بات کرتی دُھوپ
دِل کی دیوار پر برستی دُھوپ

میرے اندر بھی دُھوپ کا عَالَم
میرے باہر بھی رقص کرتی دُھوپ

اُس کی آنکھوں میں خیمہ زَن دیکھی
ایک اِک بُوند کو ترستی دُھوپ

اَیسے دیکھ کر جھٹکتی ہے
گھر کی دیوار سے اُترتی دُھوپ

طاقِ ماضی میں چھپ کے بیٹھی ہے
خوف سے کانپتی، لرزتی دُھوپ

صُبح کو شام سے بلاتی ہے
رقص کرتی ہوئی بھڑکتی دُھوپ

خواب ہے یا سَراب ہے کیا ہے
اپنے ہی عکس کو تَرستی دُھوپ

عکس آنکھوں میں چھوڑ جاتی ہے
سامنے سے مِرے گُزرتی دُھوپ

آئینہ بھی ہے اور سمندر بھی
میرے احساس میں اُترتی دُھوپ

یَیں بھی اُس کی زباں سمجھتا ہُوں
جب بھی مُجھ سے ہے بات کرتی دُھوپ

اپنا لہجہ مَتین ایسا ہے
جیسے دریاؤں میں اُترتی دُھوپ!

اکیلا گھر ہے، کیوں رہتے ہو، کھا دیتی ہیں دیواریں
یہاں تو ہنسنے والوں کو، رُلا دیتی ہیں دیواریں

انہیں بھی اپنی تنہائی کا جب احساس ہوتا ہے
تو گہری نیند سے مجھ کو، جگا دیتی ہیں دیواریں

مجھے ماضی کا کھلتے حال سے رشتہ عجب دیکھا
کھنڈر خاموش ہیں لیکن صدا دیتی ہیں دیواریں

ہوا کے زخم سہہ کر بارشوں کی چوٹ کھا کھا کر
چھتوں کو، روزنوں کو آسرا دیتی ہیں دیواریں

رہوں گھر میں تو میرے سر پہ چادر تان دیتی ہیں
سفر پہ جب نکلتا ہوں دُعا دیتی ہیں دیواریں

جو چلنا ہی نہ چاہے، روک لیتے ہیں اُسے ذرّے
بگولوں کو سفر میں راستہ دیتی ہیں دیواریں

وہ ساری گُفتگو جو بند کمروں ہی میں ہوتی ہے
میں جب باہر سے آتا ہوں سُنا دیتی ہیں دیواریں

اُترتی اور چڑھتی دُھوپ کی پہچان ہے اِن کو
ابھی دِن کتنا باقی ہے بَتا دیتی ہیں دیواریں

متین اِس چلچلاتی دُھوپ میں سَایہ اِنہی سے ہے
میں جب بھی ٹُوٹتا ہوں، حوصلہ دیتی ہیں دیواریں

○

پاگل سی ہوا، ڈھلتی ہوی شام، سمندر
ایسے میں کہیں لے نہ تمرا نام سمندر

ویرانوں میں بھٹکیں کہ ترے شہر میں ٹھہریں
آنکھوں میں درآتا ہے سرِ شام سمندر

ہے تازہ ہواؤں پہ یہ الزام کہ چپ ہیں
کچھ ایسا ہی تجھ پر بھی ہے الزام سمندر

کاغذ کی بنی ناؤ میں بیٹھے ہوے ہم لوگ
گرداب سے نکلے ہیں ذرا تھام سمندر

دے اذن کہ پانی پہ مکاں اپنے بنائیں
اب ساری زمیں ہوگئی نیلام سمندر

سنتے ہیں دل جس عکس اُبھرتے ہیں بدن کے
چلتے ہیں چلو ہم بھی سرِ شامِ سمندر

کس وقت زمیں میرے قدم لینے لگی ہے
جب رہ گیا مٹی سے بس اِک گامِ سمندر

تو عکسِ فلک ہے تو فلک آئینہ تیرا
اِک رقصِ مسلسل ہے ترا کامِ سمندر

چڑھتے ہوے دریا ہوں کہ سوکھی ہوئی نہریں
رکھتے ہیں ترے سر سبھی الزامِ سمندر

کیا بھر گئے پانی سے لبا لب کہ متین آج
دینے لگے صحراؤں کو دشنام ، سمندر

دیکھتا ہے جب بھی تجھ کو پھر آئینہ
بات کرتا ہے سنبھل کر آئینہ

آئینے سے دوستی اچھی نہیں
کہہ رہا ہے میرے منہ پر آئینہ

چلتے پھرتے منظروں کا سلسلہ
آئینہ، در آئینہ، در آئینہ

ہیں بھی دیوار سے لٹکے ہوئے
وقت، تصویریں، کیلنڈر، آئینہ

شام کے ہونٹوں پہ سرخی کی لکیر
رات کے پردوں کے اندر آئینہ

کوئی اس سے ٹوٹ کر ملتا نہیں
جاگتا رہتا ہے شب بھر آئینہ

اُن کی آنکھوں کا مقدر دھوپ ہے
میری آنکھوں کا مقدر آئینہ

اپنے لہجے کی یہی پہچان ہے
دھوپ، دیواریں، سمندر آئینہ

عکس جس کو تم سمجھتے ہو مہیں
آئینے کے بھی ہے اندر آئینہ

پَروں کو اب نہ پھیلاؤ' پرندو
ہے بارش تیز' گھر جاؤ' پرندو

سمندر' دانہ دانہ جب بکھیرے
سمندر میں اُتر جاؤ' پرندو

وہ موسم تو نہ آئیں گے پَلٹ کر
چلو' اب لوٹ بھی آؤ' پرندو

مجھے سُرخاب کے پَر کی ہے خواہش
کہیں سے ڈھونڈ کر لاؤ' پرندو

ہواؤں میں مستی اُڑنے لگا ہے
ذرا تم اِس کو سمجھاؤ' پرندو

○

اُس کے پلکوں پہ تھم گیا، جگنو
میرے انفاس میں بسا، جگنو

میری مُٹھی میں بند ہے اب تک
تیری یادوں کا بے بہا، جگنو

میری پلکوں پہ جب جگنوؤں کے چراغ
اُس کی آنکھوں میں بجھ گیا، جگنو

حافظے میں چمکتا رہتا ہے
وہ جو بچپن میں ساتھ تھا، جگنو

سرد پلکوں پہ جھلملاتا ہے
ایک آنسو، چراغ سا، جگنو

بات مجھ سے مستقین کرتا ہے
دل کی دیوار سے لگا، جگنو

◯

ہم سے کیا پوچھتے ہو کیا ہے، رات
اُس کی باتوں کا سلسلہ ہے، رات

آسماں تک جو لے کے جاتا ہے
ایک ایسا ہی راستہ ہے، رات

فلسفہ رات کا بس اتنا ہے
اِک عجوبہ ہے، معجزہ ہے، رات

رات کو تم حقیر مت جانو
دن اگر جسم ہے، رِدا ہے، رات

رات آنکھوں میں کاٹنے والو!
اِک تم ہی جانتے ہو کیا ہے، رات

رات کا رنگ، رات کی خوشبو
کون محسوس کر سکا ہے، رات

رات سو کر گزارتے ہو مستیں!
تم کو معلوم بھی ہے کیا ہے، رات

○

کیوں کسی کو دُھونڈتے ہو، ہاتھ میں لے کر چراغ
اب کہاں وہ گاؤں ہوتے تھے جہاں گھر گھر چراغ

دیکھنا اُس کو اگر ہے اِن چراغوں کو بُجھاؤ
کیسے دیکھو گے اُسے تم، سامنے رکھ کر چراغ

میں نے چُپکے سے کہی، اِک بات اُس کے کان میں
اُس نے اپنے ہاتھ سے گل کر دیا ہنس کر چراغ

اب جو لوٹا ہوں تو سب حیرت سے تکتے ہیں مجھے
جام و مینا، گُنبد و محراب، بام و دَر، چراغ

آج تو اُن کی نظر کے واسطے سو رنگ ہیں
کل پَرندوں کے لیے ہوتے تھے بال و پَر، چراغ

شب تو اندھی ہے رہے گی عُمر بھر اندھی مستین
یا جلو تم شام سے یا پھر جلیں دن بھر چراغ

○

کہیں چراغ، کہیں آئینہ بنا' اخبار
نظر کی آنکھ کھلی اور نکل گیا' اخبار

سے تو کھُل کے برستا تھا، مثلِ ابرِ رواں
خود اپنی ذات میں لیکن سمٹ گیا' اخبار

کسی کی آنکھ میں تازہ کنول کِھلاتا ہے
کسی کی آنکھ میں نشتر چُبھو گیا' اخبار

شعاعِ مہر کی آواز قید کرنے کو
تمام رات، مگر جاگتا رہا' اخبار

مستین، آئینہ بن کر نہ جی سکو گے تم
یہ مجھ سے کہنے لگا، آج شام کا اخبار

○

اپنے کمرے ہی میں بیٹھا رہا کورا کاغذ
آئینہ دیکھ کے روتا رہا کورا کاغذ

جب کئی چہرے اسے دیکھ کے مُنہ پھیر گئے
اپنے اندر ہی سلگتا رہا کورا کاغذ

گھر میں جب اس کے لیے کوئی جگہ ہی نہ رہی
بادلوں کی طرح اُڑتا رہا کورا کاغذ

کوئی آئے، کوئی دیکھے کہ یہاں صدیوں سے
اپنی ہی آگ میں جلتا رہا کورا کاغذ

کورے کاغذ کا کہاں تک لکھوں احوال متین
سانس لیسنے کو، ترستا رہا کورا کاغذ

◯

کہیں خیال، کہیں خواب سا، بلا دریا
مرے وجود کا اظہار بن گیا دریا

ندی، سکون سے کچھ سفر رہی لیکن
قدم قدم پہ مگر آسپا رہا دریا

اُسے میں اپنے خیالوں میں قید کر نہ سکا
مرے خیال سے آگے نکل گیا دریا

ندی نے مُڑ کے سمندر کی سمت دیکھا تھا
تو اُس کی راہ میں دیوار بن گیا دریا

بڑا غرور تھا اپنے وجود پر اِس کو
بلا جو آکے، سمندر سے کھو گیا دریا

دہ شخص ریت میں، مُنہ کو چھپائے بیٹھا ہے
مستین اُس کو ڈبو دے نہ ریت کا دریا

○

بھیگنے کا اِک مسلسل سلسلہ، بارش میں ہے
کیا کسی موسم میں ہوگا مَیرا، بارش میں ہے

یوں کھلی سڑکوں پہ مَت پھرنا کہ موسم غیر ہے
اِک تو موسم غیر، پھر ٹھنڈی ہوا، بارش میں ہے

آسماں کا عکس پانی میں اُترتے ہی کھلا
آئینے کے سامنے، اِک آئینہ، بارش میں ہے

ایسا منظر بس اِسی موسم میں دیکھا جائے ہے
اِک کنارا دُھوپ میں اور دوسرا بارش میں ہے

سانس لیتے پھَل، لچکتی ٹہنیاں، ہنستے گلاب
ایسا منظر بھی سرِ شاخِ حیا، بارش میں ہے

معجزے سے کم نہیں، یہ زندگی اپنی ہمیں تَین
جیسے تاریکی میں اِک جلتا دِیا، بارش میں ہے

◯

اکیلی پھرتی ہے آنکھوں میں لے کے پانی شام
مَتِیں ہم سے نہ دیکھی گئی، دِ وانی شام

نظر کے سامنے پھیلی ہوی، سُہانی شام
پلک جھپکتے ہی ہو جائے گی کہانی، شام

یہ سلسلہ تو زمانے سے ہے یونہی جاری
بُڑھاپا رات ہے، بچپن ہے دِن، جوانی، شام

ہے اِس میں ایسی پُراسراریت کہ مت پوچھو
کہانیوں کی کہانی، عجب کہانی، شام

کسی کا عکس جو پانی میں آج دیکھا ہے
تو یاد آ گئی، بھُولی ہوی، پُرانی شام

پِھسلتی ریت کے ذرّوں میں خواب کے موتی
یہ جاتے جاتے مجھے دے گئی، نشانی شام

○

شام کا رنگ جو گہرا ہوا آئینے میں
اِک ستارہ سا چمکنے لگا آئینے میں

سب کھلونوں کی طرح ٹوٹ رہے ہیں پل پل
اور یہ منظر مجھے ڈستا ہوا آئینے میں

گر یہ شب وقت سنبھلنے نہیں دیتی مجھ کو
سلسلہ ٹوٹتا بنتا رہا آئینے میں

دیکھ کر لہردوں کی شوریدہ سری یاد آیا
ایک چہرہ کبھی دیکھا ہوا آئینے میں

اُس کی آنکھوں میں اُترتے ہوئے محسوس ہوا
اِک نئے شہر کا رستہ بلا آئینے میں

آئینہ دیکھ کے کیوں چیختے رہتے ہو مستین
کیا کوئی اور ہے بیٹھا ہوا آئینے میں

○

میرے احساس کی نکہت، مرے فن کی خوشبو
اے خدا تُو نے ہی بخشی ہے، سُخن کی خوشبو

جیسے پانی میں اُترتی ہے کرن، سُورج کی
مجھ میں اُتری ہے، ترے سانولے بن کی خوشبو

زندگی، سازِ مسرّت پہ ہو رقصاں بھی تو کیسا
درد ہی سے ہے یہاں گیسوئے فن کی خوشبو

میں نے پہنا ہے بچھے اپنے لباسوں کی طرح
کیسے بھولے گی مجھے تیرے بدن کی خوشبو

میرا اظہار علامت ہے نئے لہجے کی
تم بھی محسوس کرو، میرے سُخن کی خوشبو

ثناؔ و مخدومؔ و اریبؔ، اخترؔ و جامیؔ میں بستی
دُور تک پھیل گئی، اَرضِ دکن کی خوشبو

۱۔ ثناؔ تشکنت   ۲۔ مخدوم محی الدین   ۳۔ سلیمان اریب   ۴۔ ڈاکٹر وحید اختر   ۵۔ خورشید احمد جامی

(نذرِ کمار پاشی)

کاغذ دل کے ٹکڑوں سے آئینہ بناتے ہیں
ہم ہیں کیسے دیوانے، کیا سے کیا بناتے ہیں

وہ عصائے موسیٰ تھا، یہ تسلّم ہمارا ہے
اس سے ہم بھی پانی میں راستہ بناتے ہیں

اب ہماری بستی کا حشر بھی وہی ہوگا
اب ہمارے بچّے بھی زائچے بناتے ہیں

آنکھ، خواب، تنہائی، دھوپ، ریت، سنّاٹا
اِن پرانی اینٹوں سے گھر نیا بناتے ہیں

ہم اُداس موسم کے آخری پَرندے ہیں
برف زار پر اپنے نقشِ پا بناتے ہیں

تتلیوں کے پَر جیسے، خواب ہیں مستقیں اپنے
ہاتھ بھی نہیں آتے، سلسلہ بناتے ہیں!

(بشیر بدر کی نذر)

اب جو ملتا ہے تو وہ شخص کھنڈر لگتا ہے
اُس کی ٹوٹی ہوی آواز سے ڈر لگتا ہے

شاخ سے ٹوٹ کے پھل گرنے کا موسم آیا
اب سنبھالے سے نہ سنبھلے گا شجر لگتا ہے

ریت پر اب جو چمکتے ہیں زمرد کے چراغ
یہ مری آبلہ پائی کا ثمر لگتا ہے

دھوپ، دیوار سے مل مل کے گلے روتی ہے
اب کی بارش میں بچے گا نہ یہ گھر لگتا ہے

اپنی ہی ذات کے اندر کا سفر خوب سہی
قاف تا قاف سفر ہو، تو سفر لگتا ہے

وقت، ہونٹوں پہ دعا بن کے لرزتا ہے متین
آج کھُل جائے گا وہ باب اثر، لگتا ہے!

○

خُشک دریاؤں کو پانی دے گیا
یاد کا موسم، نشانی دے گیا

دُھوپ کے چہرے پہ بارش کی لکیر'
کیسا منظر تھا، کہانی دے گیا

وقت بھی کتنا سِتم ایجاد ہے
اپنے گھر کی پاسبانی دے گیا

وہ تو آیا تھا' رُلانے کو مگر
عُمر بھر کی شادمانی دے گیا

خواب کے سارے پرندے اُڑ گئے
وقت، تعبیریں پُرانی دے گیا

زخم پہلے بات کرتے تھے مَتین
کون اِن کو بے زبانی دے گیا!

○

نیند کب اچھی لگی، کب جاگنا اچھا لگا
میری آنکھوں کو وہی اِک آئینہ اچھا لگا

جب بھی بازاروں سے گزروں تو مجھے پہچان کر
آئینوں کا میری جانب دیکھنا اچھا لگا

جانتے ہیں، رنگ اپنا ہے، نہ پَر اپنے مگر
تِتلیوں کے پیچھے پیچھے دوڑنا اچھا لگا

شہر کب آئے، کہاں ٹھہرے ہو، یہ کیا حال ہے
اُس کا مجھ کو روک کر یہ پوچھنا اچھا لگا

خشک پتّے ہیں، ہوا اِن کو اُڑا لے جائے گی
دشمنوں کو دیکھ کر یہ سوچنا اچھا لگا

اُس کی آنکھوں میں کچھ ایسی بات تھی جس کے سبب
شام ہوتے ہی مجھے گھر لوٹنا اچھا لگا

دھوپ ایسی تھی کہ دروازے پہ آ کر رک گئی
میرے گھر کو بارشوں کا آسرا اچھا لگا

رات کاٹو' اجنبی شہروں میں تو محسوس ہو
کیسے ہم کو جنگلوں میں جاگنا اچھا لگا

ورنہ منظر ہی کوئی ہوتا نہ پسِ منظر مستین
اِس زمیں سے آسماں کا فاصلہ اچھا لگا

○

دریا سے بچانا، نہ سمندر سے بچانا
دیوار کو، دیوار کے پتھر سے بچانا

پانی میں کہیں لاش، کنارے پہ کھڑے لوگ
اِس شہر کو ایسے کسی منظر سے بچانا

پوشیدہ جہاں بھی ہے یتیموں کا خزانہ
مجھ کو اُسی دیوار کی ٹھوکر سے بچانا

اِک کھیل تھا بچپن کا جو باقی ہے ابھی تک
پتھر کوئی آئے تو اُسے سر سے بچانا

جس کے درو دیوار پہ آئینے لگے ہیں
اب مجھ کو بچانا تو اُسی گھر سے بچانا

یہ دورِ عجب ہے کہ یہاں سہل نہیں ہے
جس پیڑ پہ پھل ہوں اُسے پتھر سے بچانا

اب اپنے خدا سے یہی کہنا ہے مستیں آج
مجھ میں جو چھپا ہے بھلے اُس شر سے بچانا

◯

مرا دوسرا رُخ دِکھائے مجھے
مرے سامنے سے ہٹائے مجھے

بڑی دیر سے قید میں ہوں تری
پرندہ سمجھ کر اُڑائے مجھے

میں اُس کے لیے دُھوپ لے آؤں گا
جو دریا سے پانی پلا دے مجھے

میں اُڑنا سکھاؤں گا تجھ کو مگر
تُو پانی پہ چلنا سِکھائے مجھے

سمندر سے نسبت ہے مجھ کو یقین
وہ سورج اگر ہے جلائے مجھے

○

کاغذ اُچھال کر ذرا اِیور ہَوا کے دیکھ
کَشتی کو پھر ہَوا کے مخالف چلا کے دیکھ

منظر کی جُستجو ہے تو باہر نِکل کے آ
پھِل جا ہیے تو پیڑ، ذرا سا ہِلا کے دیکھ

دیوار و دَر نصیب سے مِلتے ہیں دریا یاں
سَبزے کو ہم ترستے ہیں، شہروں میں آکے دیکھ

پانی پہ تیرتا نظَر آجائے گا کوئی
آنکھوں کی پُتلیوں میں کسی کو بِٹھا کے دیکھ

سانپوں کو پالنے کا ہُنر ہے، یہ شاعری
میرا کلام، نام سے اپنے، سُنا کے دیکھ

رُک جائے وقت پھول سے چہروں کے درمیاں
بچّوں کے ساتھ شام کو پکنِک مَنا کے دیکھ

بچپن سے جس کا ساتھ رہا سانس کی طرح
ڈولی میں اپنے ہاتھ سے اُس کو بِٹھا کے دیکھ

آئینہ بات کرتا ہے اپنے ہی عکس سے
صورت کو اپنی اس کے مقابل تو لا کے دیکھ

اُڑتے پَرند، ڈُوبتا سُورج، پِگھلتی ریت
دیوارِ جاں پہ نقش اِک ایسا بَنا کے دیکھ

خوش رنگ و خوش لباس و خوش آواز و خوش اَدا
ہاتھوں سے اپنے، ایسا پرندہ، اُڑا کے دیکھ

خوشبو، مثالِ برق، چمک جائے گی مستین!
لہجے کے پھول شاخِ زباں پر کِھلا کے دیکھ

○

جن سے آواز کا چہرہ نہیں دیکھا جاتا
اُن سے اپنا لب و لہجہ نہیں دیکھا جاتا

پہلے دیکھا نہیں جاتا تھا، پرندہ اس میں
اب یہ حالت ہے کہ پنجرہ نہیں دیکھا جاتا

جن چراغوں کو ہواؤں سے بچا لاتے تھے
اُن چراغوں کو سِسکتا نہیں دیکھا جاتا

چھت کسی کی ہو ٹپکتی نہیں دیکھی جاتی
گھر کسی کا بھی ہو جلتا نہیں دیکھا جاتا

جس علاقے میں ہر اک گھر ہے دہاں سے دیکھو
آگ لگنے پہ بھی شعلہ نہیں دیکھا جاتا

نام لکھ لکھ کے ہتھیلی پہ دِکھاتا ہے مجھے
ہاتھ میں اُس کے یہ کاسہ نہیں دیکھا جاتا

میں نے جس شخص کو دریا سے نکالا تھا کبھی
اُس کو دیوار پہ چلتا نہیں دیکھا جاتا

کیوں درختوں کو کھڑے کھڑے گھورتے رہتے ہو مسکین
پھل گرانا ہو تو پتا نہیں دیکھا جاتا

اِس طرف آگ کا دریا ہے اُدھر کھائی ہے
ہم نے بھی پار اُترنے کی قسم کھائی ہے

اپنے کمرے سے نِکل کر ذرا دیکھو تو سہی
دُھوپ، دیوار سے آنگن میں اُترآئی ہے

جن چراغوں کا ترے نام سے رشتہ ہی نہیں
اُن چراغوں کی زمانے میں پذیرائی ہے

رات کی شاخ سے نِکلے ہیں ستاروں کے چراغ
گھر کی دہلیز پہ بیٹھی ہوئی تنہائی ہے

ایسا موسم ہے کہ بے برگ و ثمر ہیں اشجار
کیوں ہوا شور محبت نے کہ چپسلی آئی ہے

دھوپ کے شہر میں بادل کو ترسنے والا
آج بارش نہیں ہوگی یہ خبر سا آئی ہے

جس پہ دیوار کے اُس پار سا منظر نہ کھلے
ایسی بینائی بھی کس کام کی بینائی ہے

اپنے اندر کا یہ عالم بھی عجب عالم ہے
بھیڑ میں بھیڑ ہے تنہائی کی تنہائی ہے

مجھ پہ الزام ہے آہستہ خرامی کا مستی
تیز چلتا ہوں تو احباب کی رسوائی ہے

○

اِن پَرندوں سے سَبق سیکھا کرو
شام ہو جائے تو گھر لَوٹا کرو

روشنی کی سی اگر رفتار ہو
تب کسی آواز کا پیچھا کرو

نیند جیسی نیند پانے کے لیے
رات ہو یا دِن فقط جاگا کرو

اَبر ہو تو خوب کے برسو دَشت پر
اور شجر ہو تو کہیں سایا کرو

ہاں' تو میں یہ کہہ رہا تھا آپ سے
اپنے اندر بھی کبھی جھانکا کرو

شام، دریا کا کنارا' اور میں'
تم، مگر' میرا نہ یوں پیچھا کرو

رات کی آنکھوں میں آنکھیں ڈال کر
دن کی تاریکی کا اندازہ کرو

شام ننگے پاؤں چل کر آئے گی
ریت پر تم نام تو لکھا کرو

پھول کھلا جائیں گے آواز سے
اپنے بچوں کو نہ یوں ڈانٹا کرو

رات کی دیوار سے لگ کر متین
نیند آ جائے تو سو جایا کرو

◯

میں سوچوں تجھ کو اور سوچا نہ جائے
کوئی دن عمر کا، ایسا نہ جائے

سمندر، دھوپ سے لپٹا ہوا ہے
سمندر کی طرف دیکھا نہ جائے

جہاں سنتا ہے میری بات کوئی
جہاں آواز کا سایہ نہ جائے

اسی سے دل کی سیرابی ہے لیکن
نکل کر آنکھ سے دریا نہ جائے

مستیٰں اس شہرِ ناپرساں سے دیکھو
کہیں چاہوں بھی تو جایا نہ جائے

اب یہ حسرت ہے کہ منظر کوئی ایسا دیکھوں
شام ہو جائے تو سورج کو نکلتا دیکھوں

خواب دہلیز پہ آ جائیں تو تعبیر کہوں
ورنہ اِک قطرۂ بے آب میں دریا دیکھوں

چھاؤں جتنی تھی مقدر میں سمٹی، اب تو
دھوپ کے شہر میں دیوار نہ سایہ دیکھوں

پھر دہیں سے میں سناؤں گا کہانی اپنی
ہاں مگر شرط یہی ہے، تجھے تنہا دیکھوں

موسمِ گل ہو کہ پت جھڑ ہو، کوئی رُت ہو مستیں
شاخ در شاخ پرندوں کو چہکتا دیکھوں

○

وہ چنگاریوں کو ہوا دے گیا
سمندر تھا لیکن یہ کیا ہے گیا

میں جلتے چراغوں کی سانسوں میں ہوں
کوئی جاگنے کی دعا دے گیا

شکاری بڑا شعبدہ باز تھا
پرندوں کو اک آئینہ دے گیا

میں مقطع پہ پہنچا تو وہ رو پڑا
مجھے شاعری کا صلہ دے گیا

بڑی دھوپ تھی گھر کے باہر مگر
مگر وہ شجر، آسرا دے گیا

○

موسموں کی طرح دل سے مرے جانے والا
یاد آتا ہے بہت، یاد نہ آنے والا

دیکھتے دیکھتے گرتی ہوئی دیوار بنا
رات کی رات وہ دیوار اُٹھانے والا

دھوپ آنکھوں میں بسائے ہوئے جینا ہوگا
پہلی بارش کا وہ موسم نہیں آنے والا

خود ہی تصویر بنا پھرتا ہے شہروں شہروں
تیسری تصویر کو آنکھوں سے لگانے والا

سامنے کی اِسی کوٹھی میں رہا کرتا تھا
یہ جو اُٹھ پاتھ پہ سب کھیل دِکھانے والا

تم چراغوں کی نُوی کاٹ کے رکھ دیتے ہو
''میں چراغ اپنی ہی آنکھوں میں بُجھانے والا''

آئینہ دیکھ کے روتا رہا تنہائی میں
شہر کے شہر کو آئینہ دِکھانے والا

اُن کی آنکھوں میں مِرے نام کی تحریر بھی
نقش پانی پہ بنا تا ہے بنانے والا

چاک پر گھومتا رہتا ہوں شب و روز مَتِین
ہاتھ آیا نہ کوئی، مجھ کو بنانے والا

○

اَئینہ مانگوں تو کیسی وہ سزا دیتا ہے
لے کے ہاتھوں میں اِک آئینہ دکھا دیتا ہے

وقت ہے، خواب ہے، خوشبو ہے کہ پیکر کوئی
کون ہے جو مجھے سوتے سے جگا دیتا ہے

ایک پُر واہ گھنے پیڑ کے نیچے بیٹھا
داستاں اپنی پرندوں کو سنا دیتا ہے

موت کے مُنہ سے کئی بار نکل آیا ہُوں
کون ہے جو مجھے جینے کی دُعا دیتا ہے

ایک کمزور سا لمحہ شبِ تنہائی کا
مجھ کو خود اپنی ہی نظروں سے گرا دیتا ہے

دن کے ہنگاموں میں ہنستا ہوں چہکتا ہوں مگر میں
شب کی تنہائی میں آئینہ رُلا دیتا ہے!

لہجے کو پھول، لفظ کو جگنُو، اگر کریں
وقتِ رَواں کے ساتھ معانی، سفر کریں

اندر کی بارشوں نے جو منظر دکھائے ہیں
باہر کی دُھوپ چھاؤں کو اس کی خبر کریں

موسم، پرندے، دُھوپ کی دیوار، شب چراغ
قصّہ طویل ہونے لگا، مختصر کریں

اب نیند سی ہے نیند، نہ اب خواب سا ہے خواب
سڑکوں پہ جاگ جاگ کے عمریں بسر کریں

منظر کو درمیان سے اپنے ہٹا کے دیکھ
ممکن ہے پھر مستین کی باتیں اثر کریں

◯

کوئی سایہ نہ خوشبو، مگر دیکھنا
راستوں پر کھڑے ہیں شجر دیکھنا

کشتیو بادباں کھول دینا ذرا
تیز جھونکا ہوا کا اگر دیکھنا

بارشوں میں پرندوں کے پر کاٹ کر
ان کو اڑتے ہوئے شاخ پر دیکھنا

سبز پتوں سے چھنتی ہوئی روشنی
گل نہ ہو جائے وقتِ سحر دیکھنا

تیری مٹی ہوں میں، تیری مٹی ہوں میں
کوزہ گر دیکھنا، کوزہ گر دیکھنا

جن کی آنکھوں میں پانی کی تحریر تھی
اُن کے ہونٹوں پہ رقصِ شرر دیکھنا

بیچ پانی کے سب کَشتیاں جَل گئیں
پار اُتریں گے ہم اے بھنور دیکھنا

ہم فقیروں کو کیوں چھیڑتے ہو میاں
تم بھی ہو جاؤ گے دَر بدر دیکھنا

خواب ہی سوچنا، خواب ہی بولنا
خواب ہی دیکھنا، عُمر بھر دیکھنا

گیلے کاغذ پہ کیسے لکھو گے متین
دُھوپ نکلے تو اپنا ہُنر دیکھنا

○

شعلے بجھ جائیں گے، چنگاری دبی رہ جائے گی
قہقہوں کے بعد آنکھوں میں نمی رہ جائے گی

بانہوں میں عکسِ سورج کا پگھلتا جائے گا
شام آنکھوں میں لیے آنسو، کھڑی رہ جائے گی

اِک صدائے بے کراں ہے زندگی اور اُس کے بعد
خامشی ہی خامشی ہی خامشی رہ جائے گی

گفتگو دیوار سے کرتے رہو گے تم اگر
دھوپ، دروازے پہ رُک کر سوچتی رہ جائے گی

وقت، دریا پار کر جائے گا ہنستے، کھیلتے
تیرے میرے درمیاں، دیوار سی رہ جائے گی

گرتی دیواروں سے لگ کر مَت کھڑے رہنا متین
ورنہ ملبے میں دبی اِک چیخ سی رہ جائے گی

○

یہی نہیں کہ فقط در بہ در گئے ہوتے
تمہارا ساتھ نہ ہوتا تو مَر گئے ہوتے

ہمارے پاس اگر کوئی معجزہ ہوتا
تو اس زمین کو گلزار کر گئے ہوتے

کُھلی فضا سے زیادہ اگر سکوں ملتا
پرندے، شام سے پہلے ہی گھر گئے ہوتے

یہ وہ گلی ہے جہاں آسماں بھی جُھکتا ہے
اب اس گلی سے نکل کر کدھر گئے ہوتے

متین، نسبتِ استاد اگر نہیں ملتی
تو مثلِ آئینہ، اگر کر بکھر گئے ہوتے

خود اپنے شکنجے میں گرفتار نہ ہونا
ہونا بھی پڑے تو سرِ بازار نہ ہونا

دیوار کو ڈھانا بہت آسان ہے لیکن
مشکل ہے کسی کے لیے دیوار نہ ہونا

اس راہ میں آگے کوئی دریا بھی ملے گا
تم اُس سے گزرتے ہوئے بیزار نہ ہونا

جانے یہ ہواؤں کی شرارت ہے کہ عادت
موسم کے ثمر کا سرِ اشجار نہ ہونا

ہم جیسے بُرے لوگ بھی یاد آئیں گے تم کو
پردیس میں رہ کر کبھی بیمار نہ ہونا

یہ دام، یہ دانہ، یہ شکاری سے پرندو
جب پَر ہیں تمہارے تو گرفتار نہ ہونا

مجھ سے مِرا سایہ بھی کہتا ہے مِتین آج
دیوار نہ ہونا، کبھی دیوار نہ ہونا

کیا ہُوا' پُوچھیں' تو وہ' کچھ بھی نہیں کہتی ہے
دُھوپ' دیوار کے سائے میں کھڑی رہتی ہے

ریت آنکھوں میں لیے' جاگتے رہنے والے
گھر کی دہلیز' ترا نام لیا کرتی ہے؟

تم نئے آئے ہو' اِس شہر میں' اِتنا سُن لو
سائباں اُڑتے ہیں' جب تیز ہَوا چلتی ہے

آسمانوں میں' پرندوں کی طرح اُڑتا ہوں
میرے اِس خواب کی تعبیر بتا' کیسی ہے

کم سے کم دُھوپ میں سایہ تو مجھے ملتا ہے
اِن درختوں سے وہ دیوار بہت اچھی ہے

اُس کا لہجہ ہے کہ پھولوں سے ٹپکتی شبنم
بات کی بات ہے سرگوشی کی سرگوشی ہے

تم سمجھتے ہو، بجھاتی ہے چراغوں کو ہَوا
ہم یہ کہتے ہیں، چراغوں میں ہَوا جلتی ہے

تم نے پُوچھا ہے تو بس تم کو بتاتا ہُوں متین
صبح ہوتی ہے کہیں، شام کہیں ہوتی ہے

دلِ جلا پھر چراغ جلتے ہی
اپنے دُکھ بھی ہیں شام جیسے ہی

کتنے چہرے اُتر گئے دیکھو
دھوپ دیوار سے اُترتے ہی

موسموں کا پتہ چلا مجھ کو
رنگ دیوار کا بدلتے ہی

ہم نے دریا میں راستہ پایا
اِک ترا نام لے کے چلتے ہی

زندگی کتنی خوبصورت ہے
ہاں مگر سانس کے اکھڑتے ہی

تیری یاد آگئی ہم کو
صبح کرتے ہی شام کرتے ہی

ایک زندہ مثال تھی نہ رہی
ہائے اُس آدمی کے مرتے ہی

ٹوٹنا اپنے دل کا یاد آیا
آئینہ ٹوٹ کر بکھرتے ہی

تیرا لہجہ متین ایسا ہے
پھول جھڑتے ہیں بات کرتے ہی

○

دشمن کو بھی یار بنا کر دیکھیں گے
آتش کو گلزار بنا کر دیکھیں گے

کون عیادت کو آتا ہے کون نہیں
خود کو اب بیمار بنا کر دیکھیں گے

جوڑو اور گرانے کا فن سیکھیں گے
ہاتھوں کو تلوار بنا کر دیکھیں گے

بہت ہوا اب چل کر اپنا گھر ہم بھی
سات سمندر پار بنا کر دیکھیں گے

کیسا پیکر بنتا ہے اِن لفظوں سے
لفظوں کو زرتار بنا کر دیکھیں گے

ٹی۔وی، وی۔سی۔آر، سبھی کچھ ہے گھر میں
اب اِک چھوٹا بازار بنا کر دیکھیں گے

آنکھوں کے دریا میں کون اُترتا ہے
پانی میں دیوار بنا کر دیکھیں گے

یہ سوچا ہے آئینے میں اب خود کو
سر تا پا اظہار بنا کر دیکھیں گے

مغنی، مصحف، خالد اور قدیرِ زماں
اِن پھولوں کا ہار بنا کر دیکھیں گے

اِنسانوں کے اِس جنگل میں آج مَتین
چہرے کو اخبار بنا کر دیکھیں گے

۱۔ MINI BAR
۲۔ ڈاکٹر مغنی تبسم   ۳۔ ممتاز شاعر، مصحف اقبال توصیفی   ۴۔ خالد قادری ریڈر انگلش، ویمنس کالج عثمانیہ یونیورسٹی
۵۔ قدیر زماں، مشہور افسانہ نگار

دریا سے بچانا نہ سمندر سے بچانا
دیوار کو، دیوار کے پتھر سے بچانا

غیاث متین

سفر ہے شرط۔۔۔۔

(پاکستانی شاعروں، ادیبوں اور دوستوں کی نذر)

وہ کون تھے؟
سحاب تھے، کتاب تھے،
ہرے ہر اِک سوال کا
جواب تھے،
کہ خواب تھے،
وہ کون تھے؟

ستارے تھے،
کہ آسماں سے روشنی لیے ہوئے
زمیں پہ آ گئے تھے،
میرے واسطے
وہ کون تھے؟

وہ ہم قلم، وہ ہم زباں
وہ ہم یقیں، وہ ہم گماں
وہ ہم خیال و ہم بیاں

وہ یوں ملے
کہ جیسے حافظے سے یاد،
جیسے تشنہ مٹیوں سے بارشیں
کہ جیسے شام کو پَرند
گھُو نسلوں سے جا ملیں
کہ جیسے ریگ زار کو
اماں ملے حیات کی
کہ جیسے میری ذات کو
اذاں ملی ہو ذات کی
وہ یوں ملے، ___

تُو اے زمین و آساں کے نُور
میرے مُدعا
میں خواب دیکھتا ہوں،
ڈھونڈتا بھی ہوں بشارتیں
اُنھیں بھی،
خواب دیکھنے
نظر بھلے،
یقیں تراشنے، گماں سے بھاگنے
ہُنر بھلے، سفر بھلے

وہ ظُلم ہو کہ خوف ہو
وہ زخم ہو کہ چوٹ ہو
عذاب یا عتاب ہو
اُنھیں بچائے رکھ
تُو اے میرے خُدا ۔۔۔

میں جب بلوں، تو یوں بلوں

وہ جب بلیں، تو یوں بلیں

کہ جیسے صبح، شام سے

کوئی خود اپنے نام سے

کہ جیسے دھوپ، چھاؤں سے

غریب شہر، گاؤں سے

کہ جیسے لب، دعاؤں سے

وہ یوں بلیں

میں یوں بلوں

میرے خدا

ہے یہ دعا

یہی دعا

○

زخمی سٹرکیں

مری آنکھیں،
اُلٹی ہیں گِرد سے پھر بھی،
میَں سب کچھ دیکھ سکتی ہوں.

زمیں پہ،
گاؤں نے،
جب رُوپ دھارا،
شہر کا
تب سے،
سحر کی آنکھ کھلتے ہی
اُسے پھر نیند آنے تکمہ،
ہزاروں نقشں پابَنتے، بِگڑتے ہیں
کئی مانوس ہیں ان میں
کئی ہیں اجنبی لیکن
سبھی یہ چاہتے ہیں،
یاد رَہ جائیں زمانے کو. ____

سحر کی آنکھ کھلتے ہی
مُجھے پھر نیند آنے تک،
نہ جانے کتنے رکشے، سائیکلیں، موٹر
مجھے یُوں روند کر
آگے کو بڑھتے ہیں،
کہ جیسے مَیں نے اپنا جسم
اُن کو بیچ ڈالا ہے۔

یِہ راہوں کا
مقدّر ہوں،
سِتم دیکھو
مرے سینے پہ چھوڑے پھنسیاں اب بھی
گڑھا ہوں کی شکل میں
پھیسلی ہوئی ہیں۔

مجھے کچھ کچھ یاد آتا ہے
کبھی میں بھول جاتی ہوں
مرے اطراف تھیں
کچھ ٹوٹی پھوٹی ملگیاں کل تک
دہیں پر آج ایسی بلڈنگیں ہیں
جنھیں میں دیکھ کر
حیران بھی ہوں
اور خوش بھی ہوں

سنا ہے
میں نے یہ اکثر
سمندر پار ملکوں میں
مرے ہم جنس، مثلِ آئینہ ہیں
اور اُس میں
زمیں کے چاند، سورج
اپنا چہرہ دیکھ سکتے ہیں

اِس اندھے شہر میں
آئینہ بننے کی لیے حسرت
میں زندہ ہوں

مگر اب سوچتی ہوں،
کوئی اِک صُور پھونکے
صُور کی آواز سے
ہر شے پگھل جائے
زمیں مجھ کو بھی

اپنی گود میں لے کر
خلاؤں میں اُڑے،
سُورج سے مل جائے!

○

شہریارِ امروز

سُنا تھا ہم نے کبھی یہ
کہ شہریار تھا اک
وہ شہریارِ جہاں
جس کو آرزو کبھی لے'
صدف کے دل میں نہاں
گوہرِ تبسم ریز
ستم ہوا کہ اُسے
وہ گہر ملے بھی تو یوں
مثالِ شبنمِ لرزاں' مثالِ ابرِ رواں
بس ایک پل کو ملے'
دوسرے ہی پل بچھڑے! ——

وہ شہر یارِ جہاں،
راستے کی دُھول بنا

صبا کے پاؤں میں
زنجیر پڑ سکی نہ کبھی
کسی بھی پھُول کی خوشبو
اسیر ہو نہ سکی ۔۔۔۔

تب اُس نے حُکم دیا
" ساکنانِ شہر، سُنو،
ہر ایک شب کی جبیں پر

لِکھا ہو میرے لیے
" شبِ عروس ۔۔۔۔ مگر

ہاں ۔۔۔۔ سحر کے ہوتے ہی
مثالِ شمع
ہر اِک نَو عروس قتل بھی ہو "۔۔۔۔

پھر اُس کے حکم کی تعمیل

اس طرح سے ہوی

وہ شہر

جو تھا، زمیں پر

نمونۂ جنّت

اُسی پہ شہرِ خموشاں کا

ہو رہا تھا گماں

صَبا، زمرّد و نیلم

ہر ایک شب کے لیے

بنیں عروس

سجے بام و دَر،

سحر ہوتے،

ہوے تھے قتل

چراغوں کی روشنی کی طرح ! ۔۔۔

وہ شاہزادی تھی،
جس نے کیا اسیر اُسے
ہر ایک رات،
نئی ایک داستاں کہہ کر

وہ شہریار ہی تھا،
جو ہُوا اسیر کبھی
یہ شہریار، وہ ہیں
جن کی آستیں کا لہو
پکارتا ہے کہ قاتل ہو تم
مسیح نہیں،

نہ جانے کتنے شب و روز کٹ گئے
کہ یہ سب،
کہانیاں بھی سُناتے ہیں
قتلِ عام کے ساتھ !!

۰

صدائے طُور

شہرِ ویراں کے مکینو

یہ سنو

تم فقط'

نقش بہ دیوار ہے

مجھ کو دیکھو کہ مَیں

آئینہ بنا

دیکھ رہا ہوں کب سے'

بہتے دریاؤں کے سینے پہ

جو ملّاح ہیں کشتی میں سوار ۔۔۔۔

آگ لینے کو،
کئی بار گئے تھے لیکن،
لوٹ آئے تھے لیے، کوئلہ اور راکھ کا ڈھیر
طور سے آئی صدا

آج حیراں ہوں کہ جب
اُن کی وہ کشتی ہوئی
گرداب کے ہاتھوں میں اسیر
ڈوبتے ڈوبتے
اُبھرے ہیں وہ تمنّا دل بہ کف
جس کے شعلے کی زباں پر ہے لکھا
"یہیں اُجالوں کا نقیب
مجھ کو تھلے
جو بڑھو گے،
تو سنو ـــــ

کل جہاں

دھوپ میں لپٹی تھی

شبنموں کی رنگت

اور جہاں

خواب میں

دیواریں کیا کرتی تھیں

باتیں خود سے

دہیں

گونجے گی صدا کی خوشبو

تبسمِ نور کے

بکھریں گے دہیں

آج پھر
طُور سے آتی ہے صدا
شہر و ویراں کو
جو گلزار بنانا ہے
تو پھر ۔۔۔
ڈوب جانے دو اُنہیں
اپنے کاسے میں لیے،
کوئلہ اور راکھ کا ڈھیر
اور اگر دہ جو کنارے سے لگے
کاٹ کر
شعلۂ اَفزوں کی زباں
پھر سے کریں گے
اُجالوں کو اسیر! ۔۔

○

وقت

وہ دیروز کی شام
کب لوٹ کر آسکی ہے
نظر جس کی اِمروز و فَردا کے چہروں پہ مُنتگُزر ہے
وہی اِس سَفر میں
اُفق زاد ہے!

پَرندے بھی مہمان ہیں موسموں کے
جہاں اُن کو پانی مِلے
اُڑ کے اُس سمت جاتے ہیں
پیچھے پَلٹ کر بھی دیکھتے ہی نہیں! ——

عجب یہ تمہارا سفر ہے
عجب یہ تمہاری نظر ہے
کہ صدیوں سے دیروز کے اُس کھنڈر پر لگی ہے
جہاں تم کو ملتے ہیں، تاریخ کے
پارہ پارہ سے بوسیدہ اوراق
جن کی نشانی نقط
وقت کے پاس ہے۔

سنو،
وقت کی آنکھ ہے
وہ سب دیکھتا ہے،
نظر میں ہے اُس کی
زمان و مکاں
باورِ لئے زمان و مکاں ____

وقت کے ہاتھ ہیں
وہ اپنے ہی ہاتھوں سے
شکلیں بناتا بھی ہے
اور شکلوں کو لمحوں میں تقسیم کرکے
پھینک دیتا ہے اُن کو
ابد کے کنارے پہ ٹوٹی ہوئی
کشتیوں کی طرح،

وقت کے پاؤں ہیں
وہ، چلتا ہے،
گردش لگاتا ہے
بس، ایک ہی سمت میں
اُس کی رفتار ایسی ہے، جیسے کوئی
خواب میں،
رات کو،
دل سمجھ لے :

وقت، آواز ہے،
وقت، احساس ہے،
وقت، ٹھہر نہیں،
وقت، سیلِ رواں
وقت، کھوہ ہے
جس پر زمیں چلی رہی ہے!

وقت، سورج ہے
کرنوں سے اپنی
زمیں کو رلاتا بھی ہے، اور ہنساتا بھی ہے!

وقت، بارش ہے
طوفاں اُٹھاتا ہے
بیجوں کہ پھولوں، پھلوں تک کا سب کا فاصلہ
طے کرا آتا ہے
وقت، سیلاب بَن کر پہاڑوں کی چوٹی پہ چڑھتا ہے
پانی میں رستہ بناتا ہے
آتش کو گلزار کرتا ہے
اور رات کی رات سوئی ہوئی بستیوں کو اُلٹتا ہے!۔

وقت، موسم ہے،
پَت جھڑ کی صورت میں سائے درختوں کے پتّے
گراتا بھی ہے
پھر انھیں
اِک نیا پَیرہن بخش دیتا ہے!

وقت، عادل ہے،
انصاف کرتا ہے،
راتوں میں وہ بھیس اپنا بدل کر نکلتا ہے
حاتم ہے
بِن مانگے خیرات کرتا ہے!

وقت، قاتل بھی ہے،
اور مسیحا بھی ہے،
زخم دیتا بھی ہے،
زخم بھرتا بھی ہے!

وقت کو تم اگر جان لیتے
تو، یوں ریت میں مُنہ چھپا کر نہ روتے،
زمیں کی کراہیں نہ سنتے! ـــ

ابھی وقت ہے،
اُس کی آنکھوں میں جھانکو
نہ تم وقت کو قید ہی کر سکو گے
نہ تم وقت کے دائرے سے نکل کر
کہیں جا سکو گے !

اَزل اور اَبد کے کنارے بھی
اِک ڈراما ہیں
حقیقت تو یہ ہے
اَزل اور اَبد سے پَرے
وقت کا دائرہ ہے

وہ دیروز کی شام
کب لوٹ کر آ سکی ہے !
نظر جس کی اِمروز و فَردا کے چہروں پہ مرکوز ہے
دہی اِس سَفر میں
اُفق زاد ہے !
٥

"وہ قاصد' مَر چکا ہے!"

پرندے'
رات کی شاخوں پہ بیٹھے ہیں
پَروں میں
اپنی چونچوں کو دَبائے'
اُونگھتے جلتے ہیں
اور یہ سوچتے ہیں

وہ قاصد'
جو گیا تھا'
صبح کا چہرہ
کہیں سے مانگ کر لانے'
ابھی تک لَوٹ کر آیا نہیں ہے!۔۔۔۔۔

وہ قاصد'
صُبح کے ہمراہ'
کب آئے گا
کب اِس آسماں کے
زرد رُخساروں پہ سُرخی دوڑ جائے گی
پرندے'
اُونگھتے جاتے ہیں
اور یہ سوچتے ہیں
اُنہیں مُژدہ —
وہ قاصد'
مر چکا ہے!
اُنہیں مُژدہ —
کہ اُن کے پر سلامت ہیں.

وہ اُتریں
رات کی شاخوں سے اُتریں'
خلاؤں کے سمندر پر چلیں
اور صُبح کو
اپنے پَروں سے
باندھ کر لائیں! —

○

ریس

وہاں بھاؤ اچھا ملا تھا
کوئی چار چھ، لینتھ کی
بات بھی تو نہیں تھی
بس آخر میں گردن سے
گردن ہی کا فاصلہ رہ گیا تھا.

وہ جاکی، کہ جس پر
بھروسہ تھا مجھ کو
اُسی نے کہیں .....
نہیں ــ ایسا ممکن نہیں ہے ــ
تو پھر؟ ــ

حسب اور نسب

شجرۂ خاندانی،

سبھی دیکھ ڈالا تھا ایں نے،

وہ رستم کا بیٹا تھا،

سہراب ہی تھا

وہ جس نیج میں تھا

وہاں کوئی اس کا مقابل نہیں تھا!

وہ چیتے کی مانند اُڑتا تھا،

اور وزن بھی

پیٹھ پر

اُس کی اتنا نہیں تھا

کہ وہ ہار جاتا

ٹریننگ بھی ماہر تھا اس کا

پھر اس کے وہ سب کارنامے .....

اُدھر اس کی فوٹو نکلنے کو تھی

اور اِدھر

دل کی رفتار ۔۔۔۔۔

کوئی چار چھ لینتھ کی بات بھی تو نہیں تھی

وہاں صرف گردن سے گردن ہی کا فاصلہ رہ گیا تھا

چلو مان لیتے ہیں

پھر آج اپنے سلدے ہی اچھے نہیں تھے ۔

"چلو' آئو رکشہ سے چلتے ہیں سرسل"

"نہیں یار'___

اب اتنے پیسے کہاں ہیں !"

○

نسیم

تمثل جا

لکڑہارے،
چلو اِس شہر سے
اور شہر کے لوگوں سے
جتنی دُور ممکن ہو
نِکل جائیں،
اُسی جنگل کی جانب
جہاں سے
آئے تھے
ہم تم!

لکڑہارے،
وہیں کی لکڑیاں کاٹیں
وہیں ریوڑ چرائیں،
دھوپ سے،
سبزے کا
جو رشتہ ہے،
وہ رشتہ اُگائیں
کنویں کے میٹھے پانی سے
چراغ اپنے جلائیں۔

تگ و تاز،

یہاں تو،

علی بابا

اور اُس کا بھائی قاسم

وہ مرجینا ہو یا ہو مصطفیٰ درزی

کہوں چالیس ڈاکو،

سبھی اس شہر کی دیواروں میں محصور

بھول بیٹھے ہیں!

لکھ ہارے،

طلسمِ شہر میں اُن کو

یونہی، حیراں، پریشاں، چھوڑ کر نکلیں

اُسی جنگل کی جانب

جہاں پر،

پر نسے ہیں مگر ـــ

ایسے نہیں ہیں،

درندے ہیں مگر ـــ

ایسے نہیں ہیں!

۰

پَرندو، چلو لوٹ آؤ!

تمہیں یاد ہوگا

کہ اِک دن

تم اپنے درختوں کو

جب چھوڑ کر جا رہے تھے،

تو دریا نے اپنے ہی پانی سے

پانی نے دریا سے سرگوشیاں کیں

(مگر، تم نے تب بھی پلٹ کر نہ دیکھا)

جب اُس پار پہنچے

تو دریا نہ پانی

نقط ریت ہی ریت تھی!۔۔۔

ریت کے اُس سمندر سے اُڑ کر
تم اپنی زمیں کی طرف
جب بھی آتے
تو اپنے پَروں اور چونچوں میں
بس، ریت بھر بھر کے لاتے

پَرندو،
تمہیں ریت کو
اب زر میں بدلنے کا
اِک نُسخۂ کیمیا مل گیا ہے
اُسی کے پَروں پر
دہاں، حیرتوں کے نئے آسمانوں میں
تم اُڑ رہے ہو
مگر.....

اِس زمیں پر
نیا اِک منظر اُبھرنے لگا ہے ــــ

وہ شاخیں

کہ جن پر

بسیرا تمہارا کبھی تھا

وہ شاخیں، پرندو!

ہوا کے ذرا تیز جھونکے سے ہل کر

کسی دوسرے پیڑ کی سمت جھکنے لگی ہیں۔

وہ پودے

جنہیں چھوڑ کر تم گئے تھے،

وہ اب پیڑ بننے لگے ہیں

وہ کلیاں بھی اب

پھول بن کر مہکنے لگی ہیں

(وہ بجھورے، جنہیں تم نے دیکھا نہیں

اِن کے اطراف مُنڈلا رہے ہیں)

یہ منظر،

تمہیں ڈھونڈتا ہے،

پرندو

چلو لوٹ آؤ!

٥

اپنے آپ سے
ایک مکالمہ!

"نہیں ــ یہ "میں" نہیں ہوں" ــ
"میں" ــ نہیں ہوں؟
اور اگر یہ میں نہیں ہوں
کون ہے وہ ــ
جو مجھے آواز دیتا ہے
مری ہی ذات کے اندھے کنویں سے
اور اگر یہ "میں" نہیں ہوں
کون تھا ــ جو اب نہیں مجھ میں!

وہ "میں" ہی تھا
جو کل
پانی پہ چلتا تھا
ہواؤں پر بھی میری حکمرانی تھی
بلندی سی بلندی بھی
بہت کم تھی
مری پرواز کے آگے! ــ

پرندوں کی زباں آتی تھی مجھ کو
گفتگو کرتا تھا مَیں اُن سے
مَیں کل ـــ
آواز کے چہروں کو پڑھتا تھا،
سمندر، چاند، سورج اور ستارے بھی
مِرے قدموں میں اپنا سر جھکاتے تھے،
مگر اب ـــ مَیں کہاں ہُوں؛
"ہاں ـــ وہ تم ہی تھے،
مگر اب تم کہاں ہو؟"

کوئی اب کیوں کر مجھے ڈھونڈے
مَیں خود کو کھو چکا ہوں
آسمانوں سے زمیں کا فاصلہ جتنا ہے
اتنا فاصلہ
خود میرے اپنے درمیاں کیوں آ گیا ہے
وقت، دریا کی طرح چلتا رہا
اور یاں کسی نے بھی
مجھے روکا نہیں
اُس سمت جانے سے! ـــ

جہاں سے مڑ کے دیکھا تھا

تو میں پتھر بنا تھا

آج بھی پتھر بنا پھرتا ہوں' ہر سُو

اِس زمیں پر

آسماں پر'

اور خلاؤں میں

سمندر پر'

ہواؤں میں

مری وحشت نے مجھ کو'

ہر جگہ رُسوا کیا ہے!

اب کوئی اب بقا لا دے'

کوئی میری خبر لا دے'

کہاں ہُوں میں! ـــــ

"کہاں ہو تم"؟

"یہ اپنے آپ سے پوچھو"

یہ اپنے آپ سے پوچھوں:

نہیں ۔۔۔۔۔ یہ میَں نہیں ہوں

اور اگر یہ میَں نہیں ہوں

کون ہوں میَں

کون تھا وہ ۔۔۔۔۔

کون ہے یہ ۔۔۔۔۔

جو میرے اندر سے

رہ رہ کر مجھے

آواز دیتا ہے !؟

ایک نظم
"زمین والوں کے نام"

ہوا
کچھ ایسی چلی
کہ خیمے اُکھڑ گئے ہیں!
غبار ایسا غبار اُٹھا
کہ دھول آنکھوں میں جم گئی ہے
چراغ بھٹکیں
تو اِس میں اِن کا قصور کیا ہے؟
شمال کی
یہ ہوا
کچھ ایسی شریر و گستاخ ہے
جو بڑھ کر
بھٹکنا اِن کو سکھا رہی ہے
جلا رہی ہے
بجھا رہی ہے
ہوا کچھ ایسی چلی کہ خیمے اُکھڑ گئے ہیں!

چراغِ دو نوں طرف کے،
اِتنے بُجھے کہ منظر بھی رو رہا ہے!
سیہ لبادوں، سیہ نقابوں کا راج ہر سُو
کہاں کے رِشتے،
کہاں کے ناطے،
کہاں کے رستے،
کہاں کی منزل؛
چہار سِمتوں میں آگ ایسی لگی ہوئی ہے ۔۔۔
بُجھانا چاہیں تو بڑھ رہی ہے!
بدن دریدہ، کفن دریدہ، پڑی ہیں لاشیں
سروں سے آنچل،
بدن سے زیور
اُتر چکے ہیں
جو خواب دیکھے تھے ہم نے
وہ خواب ۔۔۔
مر چکے ہیں!
ہوا کچھ ایسی چلی،
کہ خیمے اُکھڑ گئے ہیں! ۔۔۔

ہمارے گھر میں،
تمام چہرے تھے روشنی کے
تمام چہروں سے روشنی تھی،
وہ غیر تھے!
یہ سنا تھا میں نے
تحریریں جن پر
دعائیں پڑھ پڑھ کے پھونکتا تھا
وہ میرا گھر معمور نکتے کر آتے!
بس ایک دیوار بیچ میں تھی ۔۔۔
وہی پڑوسی بھی آئے،
خنجر بہ دست آئے!
یہ کیسی آندھی چلی کہ چہرے بگڑ گئے ہیں،
ہوا کچھ ایسی چلی کہ خیمے اکھڑ گئے ہیں!

نہ کوئی اخبار ہے جو کیچڑ میں
پھول جیسا کھلا ہوا ہے
نہ ریڈیو میں، خبر کی خوشبو
نہ دور درشن میں ہے وہ منظر
جو مجھ کو،
سورج دکھا رہا ہے!۔۔۔

عجیب موسم ہے،
شہرِ دل میں!
نہ آنکھ اپنی

نہ کان اپنے

نہ پاؤں اپنے

پتہ نہیں ہم ---
یہ کس کی آنکھوں سے دیکھتے ہیں
یہ کس کے کانوں سے سُن رہے ہیں
یہ کس کے پیروں سے چل رہے ہیں
عجیب موسم ہے،
شہرِ دل میں!

زمین والے،
تو آج دیکھو
خلاؤں میں گردش لگا رہے ہیں،
سمندروں پر
مکان اپنے بنا رہے ہیں! ---

اِسی زمیں پر
رِشی، مُنی اور نبی بھی آئے
تمام سِمتوں کے واسطے
اِک پیام لائے ــ
مگر، میں اتنا ہی جانتا ہوں
زمین پر ظُلم ہو رہا ہے
زمین والے ہی کر رہے ہیں

دہاں فرشتوں نے سچ کہا تھا
مگر خدا جانتا تھا سب کچھ
(وہ آج بھی جانتا ہے سب کچھ)
وہ، آسماں سے
اُتر کے ــ
اپنی زمیں پر آئے گا
بھول جاؤ ! ــ
وہ اپنے ہاتھوں سے
اس زمیں کو
حسیں بنائے گا
بھول جاؤ ! ــ

چراغ اندر چراغ' ــــ تم ہو
کتاب اندر کتاب' ــــ تم ہو
سوال اندر سوال' ــــ تم ہو
جواب اندر جواب' ــــ تم ہو
خدا نے روزِ ازل'
جو دیکھا تھا خواب' ــــ تم ہو

تمہیں سے مسرّت'
تمہیں سے نکہت'
تمہیں سے شہرت'
زمین کی ہے ــــ

بجھا سکو تو
اسے بجھا لو

زمین والو ــــ
زمین والو! ــــ

o

مجھے ماضی کا کھلتے حال سے رشتہ عجب دیکھا
کھنڈر خاموش ہیں لیکن صدا دیتی ہیں دیواریں

غنی امتین

وہ ایسا آئینہ تھا...

— عَالَم خوند میری کی منلم —

وہ موسیٰ تو نہیں تھا

ہاں مگر ۔۔۔ جب

اپنی لاٹھی پھینک دیتا تھا

تو وہ بھی

اَژدہا بَن کر

نِگل جاتی تھی سارے اَژدہوں کو

وہ موسیٰ تو نہیں تھا

ہاں، مگر ۔۔۔۔ اُس نے بھی

اپنے وقت کے دریا پہ لاٹھی مار کر

اِک راستہ اُس میں بنایا تھا ۔۔۔۔۔

نہیں ۔۔۔۔۔ وہ ابنِ آذر بھی نہیں تھا
لیکن، اُس نے
کتنے ہی بُت
اپنے ہاتھوں سے گِرائے،
توڑ ڈالے تھے !

اُسے معلوم تھی،
شَے کی حقیقت
اور اُسے، معلوم تھا یہ بھی
کہ شیشے کے دَرمیاں

اِک آگ رہتی ہے ! ۔۔۔۔
مگر، اُس کے
لبوں کے دَرمیاں
بَس، پھُول کھِلتے تھے ! ۔۔۔۔

سمندر پی کے تشنہ تھا
چمکتی پیاس تھی،
آنکھوں میں،
باتوں میں
اِک ایسی آس تھی
جو ڈوبتے، بجھتے دلوں کو بھی
بھنور سے
کھینچ لاتی تھی،
اُمیدوں کے کناروں پر ۔۔۔

کتابوں کی زمیں پر
جاگتی راتوں میں تنہا
طَے کیے کتنے سفر، اُس نے
دُکھتی اُنگلیاں ۔۔۔ آنکھیں تھیں اُس کی
بے حسی کے شہر میں ۔۔۔ جو
خواب کی دیوار کے اُس پار
سب کچھ
دیکھ لیتی تھیں

وہ ایسا آئینہ تھا'
جس کو بیت جھڑ پہ کبھی روزن نہ آتا تھا
گُزرتے موسموں سے بھی'
جو آسُودہ نہ ہوتا تھا

وہ خوابوں کا تمنائی
وہ خوابوں کا تماشائی
وہ جس کے واسطے
بس خواب ہی
آنکھوں کی بینائی
وہ جس کی ذات میں
گُم ہوگیا تھا
سفرِ گریانی

جیا ایسے کہ جیسے پھول کھلتے ہیں
بیاباں میں
مرا ــ ایسے کہ جیسے دھوپ ڈھلتی ہے
خیاباں میں ــ

کتابِ فہم و دانش میں
نگاہِ اہلِ بینش میں
وہ ایسا آئینہ تھا
مُنعکس ہوتی تھی
جس سے دُھوپ بھی
اور چاندنی بھی!

ذہن تھا ایسا'
ہزاروں ذہن
روشن کر دیے جس نے
اور اِن ذہنوں کو
اپنی زندگی ہی میں
خود اپنی مَوت پر
ہنسنا سکھایا تھا'
وہ ایسا آئینہ تھا.....

○

بولتی لکیریں

(تَعذِرِ مَحذُوم)

کتابِ زیست ہو،

ظُلمات ہو،

کہ روزن ہو ۔۔۔

شعاعِ مہر کی صورت، اوہیں سے پھوٹتی ہیں

یہ بات کرتی لکیریں،

اِنہی لکیروں میں

کہیں دُھنک ہے

کہیں چاندنی

کہیں خوشبو،

کہیں خیال

کہیں خواب

اور کہیں تعبیر! ۔۔۔

اداسیوں کی کُہر سے پرے

اُبھرتی ہے

ہر ایک لفظ کی تصویر

روشنی بن کر

نظر میں سُرخ سویرے کی دھیمی آنچ لیے

ہے بات ایسی کہ جیسے شگفتگی گُل کی'

تو لہجہ ایسا ہے

جیسے کھنکتے جام، ہنسیں

''کمانِ ابرو سے خوُباں کا بانکپن ہے غزل''

تو نظم ہے 'کسی پتھر میں نقش آئینہ'—

اِس آئینے میں عیاں ہے
سبھی دِلوں کا سکوں
سبھی دِلوں کی تمنّا
سبھی دِلوں کا ملال ۔۔۔

ہے ماوَرائے زمان و مکاں
یہ آئینہ
اِس آئینے میں لرزتی
لکیریں بولتی ہیں !

کہیں خیال
کہیں خواب
اور کہیں تعبیر !

کلام رو رہا ہے!
(فیض احمد فیض کی یاد میں)

بھلے بُرے جو دِن کٹے

وہ آبِ زر سے لکھ گیا

وہ جس کا پیرہن تھا

صرف کاغذی

وہ جس کے ہاتھ میں،

صبا کا ہاتھ تھا،

وَرقِ شفق پہ جس کی

داستانِ شعر تھی رقم

جو روزنوں کی آنکھ سے

نَمِ دلِ صبح دیکھتا رہا،

غروبِ شام بھی

جو کوہِ طور سے،

پکارتا تھا

مَیں کلیم ہوں ——

کہاں گیا؛
وہیں جہاں،
خیال جا سکے نہ خواب جا سکے۔
وہیں،
جہاں پہ ختم ہیں،
گمہاں کے سارے راستے،
وہیں،
جہاں نہ دشت ہے
نہ رات ہے،
وہیں،
جہاں سے
اِک نئی حیات ہے
برأت ہے ــ

یہاں پر،
تو اُس کے پاس،
پھُول ___ ہونٹ تھے،
تو ہاتھ ___ شمع تھے

یہاں پر،
تو اُس کے پاس،
رنگ پَیرہن کے سارے جمع تھے
اُجالا داغ داغ تھا،
سحر جو شب گزیدہ تھی،
اور اُس کے پاس،
صرف ایک خواب تھا،
بس ایک خواب!

وہ خواب کیا
چراغ تھا ___
جسے لیے ہوے
وہ پھر رہا تھا،
شہر شہر، کُو بہ کُو ___

وہ اب نہیں
تر پھول
ہونٹ بھی نہیں
تو ہاتھ،
شمع بھی نہیں
بیاضِ رُخ،
نہ رنگِ پیرہن،
نہ دشتِ ہجر ہے

کلام رو رہا ہے ---
اُس کلیم کو
جو جاتے جاتے،
یہ علامتیں بھی ساتھ لے گیا
کوئی جو دوسرا

اِنھیں چھوئے
تو ہاتھ جل اُٹھیں
نہیں --- مگر یہ سچ نہیں

کوئی جو دوسرا
اِنھیں لکھے،
چراغ جل اُٹھیں! ---

○

ایک نظم

—انور رشید کی یاد میں—

کہانی،
اِس طرح آگے بڑھے گی،
کیا پتہ تھا!
کہ وہ کردار،
اِک دن
دُھواں بن کر
مری آنکھوں میں اُترے گا
جو اپنے آپ سے
ایسے اُلجھتا تھا
کہ جیسے
راستے سے، پاؤں
موسم سے، پرندے
دُھوپ سے، بارش،
ہواؤں سے، بگولے

عجب کردار تھا،
گھوڑے کی ننگی پیٹھ پر،
راتوں کا دریا پار کرتا تھا—

خود اپنی قبر سے کانٹوں کو چنتا تھا،
کہانی لکھتے لکھتے
یکایک شہر کی گنبد پہ چڑھ کر
وہاں سے
اپنے ہونے کا کبھی اعلان کرتا تھا
کبھی گنبد سے ٹکرا کر پلٹتی
اپنی ہی آواز کو سنتا تھا ۔۔۔۔۔
سن کر
خوب ہنستا تھا.

سنہری روشنی
ٹھہرے ہوے پانی میں جب لہرائے
اُس کا
دھوپ چہرہ،
خواب آنکھیں
آگ باتیں
یاد آجائیں،
کہانی
اِس طرح آگے بڑھے گی!

○

تمہاری گفتگو ہوگی ـ
چراغوں سے!

(عزیز قیسی کی یاد میں)

یہاں
جب شام آئے گی
تمہارا عکس ابھرے گا
چراغوں میں
تمہاری گفتگو ہوگی،
چراغوں سے
تمہاری یاد آئے گی،
چراغوں کو ـــ

یہاں
جب رات آئے گی
تو سناٹا

گواہی دینے آئے گا
تمہاری گونجتی آواز کے
اُس جال کی
تم نے جسے
ہر بار پھینکا تھا
اُجالوں کے پرندوں کو پکڑنے کے لیے
ہر شب
یہاں ۔۔۔۔۔ جب رات آئے گی

یہاں
جب صبح آئے گی ۔۔۔۔ تو سورج
اپنی کرنوں سے
وہی منظر لکھے گا
تم جسے ۔۔۔۔
آئینہ در آئینہ لکھتے تھے۔

۰

تم اس تثلیث سے
باہر نکل کر،
وقت کی دیوار کے
اُس پار جا بیٹھے ہو لیکن
وقت کی دیوار کے،
اِس پار کا منظر یہی ہوگا،
تمہارا عکس اُبھرے گا
چراغوں میں
تمہاری گفتگو ہوگی
چراغوں سے
تمہاری یاد آئے گی
چراغوں کو

یہاں جب
صبح آئے گی
یہاں جب
شام آئے گی
یہاں جب
رات آئے گی ۔۔۔

۰

زینہ زینہ راکھ

غیاث متینؔ کا پہلا شعری مجموعہ

بین الاقومی ایڈیشن عنقریب منظرعام پر آ رہا ہے

غیاث متین، اس نئی حیثیت کے شاعر ہیں جو نئے پیکر بھی تراشتی ہے اور روایت سے مربوط پیکروں کو نئی علامتوں کی صورت بھی عطا کرتی ہے۔

غیاث متین کی شاعری اردو کی اس نئی روایت کا تسلسل ہے، جس کا آغاز ن۔ م۔ راشد سے ہوا۔ اس نئی روایت میں انفرادی اظہار کے لیے ابھی لامحدود فضا ہے۔ غیاث متین نے اجتہاد بھی کیے ہیں اور شخصی علامتوں کی تخلیق بھی کی ہے۔ یہیں ان کی شاعری میں ایک خوشگوار ابہام پیدا ہوتا ہے۔ اس ابہام کا نتیجہ ہے کہ قاری ایک جمالیاتی حیرت کے عالم میں پہنچتا ہے، حیرت نہ ہو تو فن کہاں!

غیاث متین کے علائم، استعارے اور ان کے تراشے ہوے حسی پیکر قاری سے صبر کا مطالبہ کرتے ہیں۔ صورت اور معنی کے درمیان فاصلہ، اچھے فن کی ایک خصوصیت ہے۔ غیاث متین کی شاعری اس فاصلے کی ایک علامت ہے۔

-پروفیسر عالم خوندمیری